Ziel Elbphilharmonie

Für Wilfried Weber
Es ist mir eine Ehre

Joachim Mischke

Ziel Elbphilharmonie

Musik der Stadt in zehn Porträts

Christoph von Dohnányi
Vorwort

Ansichten der Elbphilharmonie von

Friedel Anderson
Manfred Besser
Klaus Fußmann
Lars Möller
Rolf Stieger
Frank Suplie
Till Warwas

VERLAG FELIX JUD
HAMBURG

Inhalt

8	Christoph von Dohnányi Vorwort Stichworte Fragen Hoffnung
11	Georg Friedrich Händel 1685-1759 Johann Mattheson 1681-1764
17	Johann Sebastian Bach 1685-1750
21	Georg Philipp Telemann 1681-1767
25	Carl Philipp Emanuel Bach 1714-1788
29	Felix Mendelssohn Bartholdy 1809-1847
37	Johannes Brahms 1833-1897
41	Gustav Mahler 1860-1911
46	Rolf Liebermann 1910-1999
50	György Ligeti 1923-2006
54	Hans Werner Henze 1926-2012
59	Biografien
61	Verzeichnis der Bilder

Christoph von Dohnányi
Vorwort

Stichworte Fragen Hoffnung

Besteht ein Bedürfnis nach einem weiteren Konzertsaal für Hamburg? Das war die Frage, die man gelegentlich einer Anhörung durch die Bürgerschaft im Rathaus an mich richtete. Die Antwort war eine Gegenfrage: »Gab es ein Bedürfnis nach der Neunten Symphonie, oder etwa nach Coca Cola?« Bedürfnisse geben ihr Geheimnis oft erst post factum preis.

Wie jeder weiß, tat man sich in Hamburg schwer mit der Entscheidung. Allerdings noch schwerer mit der Realisierung dessen, für das man glaubte, sich entschieden zu haben. Querelen und Peinlichkeiten in der Folge. Jahrelang. Im Kalender steht es: Am 11. Mai 2010 sollte ich das Eröffnungskonzert der Elbphilharmonie dirigieren.

Stichworte, Fragen kamen auf.

Die Laeiszhalle (in der Tat von alter Musik bis hin zur Klassik und frühen Romantik einer der besten und schönsten Säle unseres Landes), Kunststadt Hamburg, Tradition, Nichthamburger, virtuelle Mauern, Mittelalter, Gewürzhandel, Pfeffer.

Für Händel war London ein künstlerisches Zuhause, für Mahler, Ligeti und Brahms wurde es Wien. Wien, London, Berlin, Dresden, München – Residenzstädte, bedeutende Musikstädte. Hinkt die Hanse hinterher?

Außergewöhnliche Opernintendanten, Liebermann nach Paris, Everding nach München. Gerard Mortier, wertvoller Mitarbeiter meiner Hamburger Intendanz, ihm machte letztlich der Kultursenator ein Verbleiben in Hamburg unmöglich. Liebermann holte ihn sich sofort nach Paris. Mortier war später Intendant in Brüssel, Leiter der Salzburger Festspiele, Intendant der Ruhrtriennale, Direktor der Pariser Oper. Eine der kreativsten und interessantesten Persönlichkeiten der internationalen Opernszene der letzten fünfzig Jahre.

Die Wende? Hoffnung kommt auf.

Am 11. Januar 2017 wird die Elbphilharmonie eröffnet. Wo gäbe es in Deutschland ein attraktiveres und aufregenderes Gebäude für einen Konzertsaal? Ein mutiger Schritt der Hansestadt Hamburg, ähnlich dem, den seinerzeit John Neumeier tat, als er sich anschickte, Hamburg zu einer

Heimat europäischer Tanzkunst zu machen. Christoph Lieben-Seutter, Generalsekretär des Wiener Konzerthauses, kam nach Hamburg. Als Generalintendant betreut er seit 2007 tatkräftig, einfallsreich und bewundernswert geduldig das Projekt Elbphilharmonie.

Jetzt darf nur vorwärts gedacht werden. Der Saal – Hotel und teure Apartments mal beiseite – wird zum Klingen gebracht. Wenn das gelingt, werden auch insistierende Skeptiker das Maulen lassen.

Pierre Boulez, der Vater des neuen Saales in Paris, hat es vorgemacht. Weit weg vom Zentrum von Paris, in La Villette, gibt es heute die Philharmonie. Der Saal, akustisch total gelungen, keine zu hohen Preise, ein wunderbares junges und neugieriges Publikum, Platzausnutzung über 90 Prozent.

In den 70er-Jahren, ich war damals Operndirektor in Frankfurt am Main, habe ich einige führende Politiker der Bundesrepublik angeschrieben, um zu erfahren, wie sie es mit der Oper hielten. Netterweise haben fast alle geantwortet. Am ausführlichsten Franz Josef Strauß. Die kürzeste Antwort »Die Oper ist mir lieb und teuer« – seither gern von Stadtvätern übernommen – kam damals vom Bremer Bürgermeister Hans Koschnick. Die Elbphilharmonie wird ein uneingeschränktes »lieb« brauchen, denn Hamburg sieht sich, ab 2017 durch die Entscheidung für die Elbphilharmonie zunehmend international eingebunden, mit großer Konkurrenz konfrontiert. Das Beste, was dem Musikleben der Stadt passieren konnte. Anstelle mittelalterlicher »Pfeffersäcke« kamen großzügige Sponsoren und Mäzene der Stadt zu Hilfe. Ihnen werden die Bürger Hamburgs immer dankbar sein.

Wenn einmal der Rausch der Sensation und der Neugier der Liebe zur Musik Platz gemacht haben wird, wird das hoffentlich nie »Alltägliche« weiter Hilfe brauchen. Nicht nur von Sponsoren, sondern besonders auch von einem stolzen, glücklichen und dankbaren Publikum. Dankbar auch all denen, die geholfen haben, der Hansestadt Hamburg durch ihr Ja zur Elbphilharmonie die Chance zu geben, eine Weltstadt der Musik zu werden.

Georg Friedrich Händel 1685–1759
Johann Mattheson 1681–1764

Der Ärger begann mit einer Kleinigkeit und mit noch jugendlichen, aber schon prall aufgeblühten Egos. Die Zutaten: zwei Künstler-Freunde, ein eher nichtiger Anlass und ein großer Knopf aus Metall an der richtigen Stelle. Mehr war nicht notwendig für eine Duell-Szene wie aus einer der Opern, die beide geschrieben haben. Am Ende wäre fast jemand auf dem Gänsemarkt gestorben und die Barockmusik wäre fast um einen ihrer Größten ärmer gewesen.

1703, als Georg Friedrich Händel aus Halle nach Hamburg kam, in diese aufregende Stadt voller Möglichkeiten und Verlockungen, war er ein echtes Landei. Staunend vielleicht, beeindruckt bestimmt, um die 18 Jahre jung. Die große weite Welt lag hinter diesem Tor, das sich dort auftat. Die volle Dosis Freiheit und Risiko für ein musikalisches Talent aus der Provinz. Sein Jura-Studium hatte der Arztsohn schnell drangegeben und war in Halle Organist gewesen. Georg Philipp Telemann hatte dort den »damahls schon wichtigen« Händel spielen gehört, es war der Beginn einer lebenslangen Freundschaft. Womöglich war Telemann es auch, der ihm von Hamburg vorgeschwärmt hatte. Diese Kirchen! Diese Orgeln! Vor allem aber: Dieses Opernhaus am Gänsemarkt! Oper für alle, die das Eintrittsgeld bezahlen konnten, nicht nur für die hohen Herren; Drama, Mord, Totschlag, Liebe, Leidenschaft auf einer Bühne, verpackt in spektakuläre Special Effects, immer wieder neue Geschichten, immer prächtiger auftrumpfende Arien, mit Stimmen, die einen schwindlig singen konnten. Und: keine launigen Adligen mit lausigem Musikgeschmack. Klar, dass Händel Halle dafür Halle sein ließ. Sein erster Biograph sollte später bewundernd über diese Blütezeit schreiben: »Wer in der Musik etwas Außerordentliches hören wollte, kam nach Hamburg.«

Händel wollte, unbedingt, und er kam. Wie es sich gehört, musste er mickrig anfangen. Am Rampenrand. Zweite Geige im Opernorchester, außerdem Cembalist. Einige Instrumental-Schüler für die Miete und die warmen Mahlzeiten und den wohl bescheidenen Rest. Nebenbei schrieb er etwas Kammermusik. Fingerübungen. Sein Sehnsuchtsziel: die erste Geige spielen, aber nicht nur im Opernorchester. Überhaupt, überall. Immer.

Obwohl es im Opernhaus am Gänsemarkt keine Mitarbeiter-Kantine als Gartopf für Gerüchte, Freundschaften und Kräche gegeben haben dürfte – es dauerte nicht lange, bis Händel Johann Mattheson begegnete. Mattheson war vier Jahre älter, und als der liebe Gott die Bescheidenheit verteilt hat, muss dieser Hanseat aus gutem Hause gerade mit Wichtigerem beschäftigt gewesen sein. Es gab fast nichts, was Mattheson nicht erstklassig zu können glaubte: Er komponierte Opern und Oratorien, die Texte – sicher ist sicher – lieferte er sich oft selbst. Er sang und dirigierte, er spielte etliche Instrumente und sprach mehrere Sprachen. Als Musikschriftsteller mit gefürchtet spitzer Feder mischte er regelmäßig die hanseatische Musikszene auf. Über die Probe-Zeit des Hallensers im Orchester schrieb Mattheson später, mit trockener Ironie gewürzt, Händel »stellte sich, als ob er nicht auf fünfe zählen könnte, wie er denn von Natur zum dürren Schertz sehr geneigt war«. Charming. Der junge Kollege sei zwar »starck auf der Orgel« gewesen, aber »er wusste sehr wenig von der Melodie, ehe er in die hamburgische Oper kam«. Zwischen Matthesons Zeilen hieß das: eher er mir begegnen durfte.

Doch da Gegensätze sich auch anziehend finden können, mochte die beiden sich genug, um sich nicht sofort an die Gurgel zu gehen. Das kam später. Händel geigte sich brav durch seine Aufgaben als Orchestermusiker und beobachtete sehr genau, wie Oper ging. Zweite Geige, irgendwo im Tutti vergraben, war für ihn nur eine Durchgangsstation. Denn was ist das Mitspielen bei einer Oper schon gegen das Schreiben einer Oper? Händel wartete ab und wollte seine Chancen nutzen, sobald sie sich boten, eine Charaktereigenschaft, die ihm später, als hochtourig produzierender Opern-Anbieter in London sehr nützlich werden sollte.

Wenige Monate nach Händels Ankunft war die Freundschaft mit Mattheson schon derart solide, dass beide sich auf eine Reise nach Lübeck begaben: An St. Marien – große Kirche, berühmtes Instrument – sollte eine Organisten-Stelle frei werden. Der große, der legendäre Dieterich Buxtehude hatte dort jahrzehntelang die Orgel geschlagen. Fatalerweise hatte der Traum-Job für den Nachfolger einen fleischgewordenen Nachteil: Buxtehudes älteste Tochter Anna Margareta. Eine eher herbe, in die Jahre gekommene Schönheit. »Weil aber eine Heirats-Bedingung vorgeschlagen wurde, wozu keiner von uns beiden die geringste Lust bezeigte, schieden wir, nach vielen empfangenen Ehrenerweisungen und genossenen Lustbarkeiten, von dannen.« Mit dem deutlichen Desinteresse an Fräulein Buxtehude waren die beiden in bester Gesellschaft: Auch der junge Johann Sebastian Bach hatte zwei Jahre später bei seinem Vorstellungsgespräch in Lübeck plötzlich und ganz dringend andere Berufs-Pläne.

Zurück an der Elbe, bekam die Freundschaft von Mattheson und Händel bald Dellen. Auslöser waren nicht etwa musikalische Fachfragen, das hätten beide schneller verwunden, das kannten sie voneinander. Ende 1704 ging es um Handfesteres. Um Honorare. Mattheson hatte Händel einen Cembalo-Schüler ausgespannt, aber nicht irgendeinen örtlichen Kaufmannssohn, sondern den Sohn des gut betuchten englischen Gesandten,

an dessen Fingerhaltungsproblemen man sehr gediegen verdienen konnte. Die Stimmung war also bereits gereizt, als am 5. Dezember 1704 im Musik-Theatrum am Gänsemarkt eine Mattheson-Oper auf dem Spielplan stand: »Die unglückselige Cleopatra«, welch ein Titel, mit Mattheson in der Rolle des Antonius. Ein fast noch ofenwarmes Stück, das erst im Oktober seine Uraufführung gehabt hatte. Das opernversessene, von Abwechslung verwöhnte Hamburger Publikum kannte kein Erbarmen mit der Kondition der Gänsemarkt-Lieferanten.

Nachdem sein Antonius ordnungsgemäß auf der Bühne verschieden war, wollte Mattheson den Rest seines Stücks vom Cembalo aus dirigieren. Doch Händel, der diesen Teilzeit-Job übertragen bekommen hatte, sah nicht ein, diesen prestigeträchtigen Platz brav und widerstandslos zu räumen. Wieder zurück in die zweiten Geigen? Von wegen. Es theaterdonnerte also los und die Musiker im Opernorchester dürften ihren Spaß dabei gehabt haben, denn wenig ist schöner als gut sichtbares Hauen und Stechen unter Kollegen. Das Hauen erledigten die beiden angeblich noch mit einigen Ohrfeigen im Opernhaus. Fürs Stechen trafen sie sich draußen vor der Tür, auf dem Gänsemarkt. Ein Degen-Duell sollte das jetzt regeln, ein für alle mal. Was es nicht tat. Das Schicksal meinte es besser mit beiden. »Gottes Führung«, erinnerte sich Mattheson später, hat es »so gnädig gefüget, daß mir die Klinge im Stoßen auf einen breiten metallenen Rockknopf des Gegners zersprungen wäre.«

Künstler schlugen sich, Künstler vertrugen sich. Wenig später besuchten beide, als sei nie etwas gewesen, eine Probe für »Almira, Königin von Castilien«, Händels erste eigene Oper, die er als Einspringer noch schneller als ohnehin üblich zu schreiben hatte. Reinhard Keiser, Direktor des Opernhauses, hatte vor seinen Gläubigern aus der Stadt fliehen müssen. Zurück blieben eine unvertonte Textvorlage und eine unschöne Lücke im Spielplan. Händel durfte, musste, konnte sie füllen. Hier war sie, endlich, die Chance, auf die er gewartet hatte. Das Stück kam im Januar 1705 bei der Opern-Kundschaft bestens an. Der Durchbruch war geschafft und prompt kam ein Folgeauftrag. »Die durch Blut und Mord erlangte Liebe, oder: Nero«, mit der Premiere nur sechs Wochen nach der »Almira«.

Das Libretto war mittel statt prächtig, die Musik, angeblich besser gelungen, ist tragischerweise verschollen. Nachdem Mattheson schon in der »Almira« eine Rolle übernommen hatte, sang er bei »Nero« die Titelpartie, seine letzte große Rolle. Danach zog er sich als Opernsänger aus dem Rampenlicht zurück. Nach drei Vorstellungen flog »Nero« aus dem Stück-Sortiment. Auch für Händel war dieser Reinfall ein Zeichen zum Aufbruch. Eine Doppeloper – »Der beglückte Florindo« und »Die verwandelte Daphne« – brachte er zwar noch zu Papier, erlebte ihre glücklosen

Premieren im Januar 1708 aber schon längst nicht mehr. Mit dem Herzen war er bereits woanders gewesen, als er sie geschrieben hatte. Deswegen blieben die Noten auch als unnötiger Ballast in Hamburg.

Im Herbst 1706 reiste Händel, hungrig nach neuen Herausforderungen, nach Italien. Neue Reize, neue Einflüsse, neue Musik. Nur raus aus dem Tor zur Welt. Die Jugendfreundschaft mit Mattheson reduzierte sich auf eher einseitigen Briefkontakt. Matthesons Bitte, ihm einen Beitrag für seine Musiker-Biographien-Sammlung »Grundlage einer Ehren-Pforte« zu liefern, überlas Händel mehrfach. Nachtragend war er nicht. Er vergass nur nichts. An der Elbe hatte er einiges durchgemacht und genug fürs spätere Leben gelernt. Hamburg, das war einmal. In Italien nannten sie den Ex-Wahlhamburger schon bald »il sassone famoso«. Den berühmten Sachsen.

Johann Sebastian Bach 1685–1750

Im Umgang mit Musikgeschichte gibt es wenige Gedankenspielereien, die mehr Spaß machen als eine Runde »Was wäre, wenn...«. Was wäre gewesen, wenn Beethoven nicht nur neun Symphonien geschrieben hätte? Was wäre passiert, wenn Mozart und Schubert nicht so jung gestorben wären? Auch mit Johann Sebastian Bach lassen sich aus Hamburger Sicht solche Überlegungen anstellen – nicht, weil er viel Zeit an der Elbe verbracht hätte, im Gegenteil. Er war stets nur kurz vor Ort, und die meiste Zeit wohl in den großen Kirchen, bei den prächtigen Orgeln. Doch die Vorstellung, ihn als bleibenderen Wert in die kulturelle Historie der Hansestadt einzugemeinden, hat gerade deswegen ihren Reiz. Erst recht, wenn man bedenkt, dass in Bachs riesigem Werkkatalog ausgerechnet jenes Genre fehlt, für das Hamburg zu Bachs Lebzeiten so berühmt war: die Oper.

Der Grund für diese Lücke ist schnell erklärt: Bachs Posten waren nicht dafür gemacht, sich ernsthaft mit dieser Kunstform auseinanderzusetzen. Er musste wie am Fließband Kantaten komponieren und war auch als Organist berühmt. Sein persönlicher Geschmack war ein anderer, sein Glaube war zu stark, um sich dieser Art von Musik verpflichtet zu fühlen.

Als Bachs Lebensweg – der Teenager war 1700 als Schüler des Michaelisklosters in Lüneburg – ihn erstmals in die Nachbarschaft Hamburgs führte, war das »Musik-Theatrum« am Gänsemarkt ein Spektakel, das man sich als Musikliebhaber eigentlich nicht entgehen lassen durfte, erst recht nicht, wenn man vom Land kam und jung war und hungrig nach aufregenden neuen Eindrücken. Eigentlich. Der junge Sebastian jedoch blieb lieber brav. Er wollte Orgelmusik genießen, sich hineinfallen lassen in diesen mächtigen, einschüchternden, erhebenden Klang, der zur Lobpreisung des Herrn durch die Gotteshäuser brauste. Organisten wie den greisen Altmeister Johann Adam Reincken wollte Bach bestaunen; verinnerlichen, was er von ihm hörte. Am Gänsemarkt stand, passend zu Sebastians Klosterschul-Erziehung, Keisers Oper »La Forza della virtù oder Die Macht der Tugend« auf dem Spielplan. Ein Jahr später, als Bach auf der Orgel von St. Katharinen spielte, amüsierten sich die Hamburger Bürger über die rustikale und mit viel Theaterblut inszenierte Vitalienbrüder-Geschichte von »Störtebecker und Jödge Michaels«.

Wenn der Teenager Bach damals wie vom Donner gerührt im Kerzenlicht des Hamburger Opernhauses gesessen hätte, durch diese Musik abgebracht vom Pfad der kirchenmusikalischen Tugenden eines jungen

Choristen – aus ihm wäre womöglich ein ganz anderer, sehr viel irdischerer Bach geworden. Der »Opern-Bach«. Dieser Bach hätte sich eine lausig bezahlte Stelle im Hamburger Opernorchester organisiert, in dem von 1703 an auch Händel in die Lehre ging. Er wäre im Showbusiness seiner Zeit gelandet, nicht auf honorigen Stellen im öffentlichen Dienst oder bei mal mehr, mal weniger geizigen Adligen. Spielen wir diese Fantasie weiter durch, wäre der »Opern-Bach« am Gänsemarkt groß rausgekommen, denn der gleich junge, gleich geniale Händel hatte Hamburg ja bereits 1706 schon wieder verlassen. Viele Jahre und sehr viele Opern später wären sich die beiden vielleicht in London wiederbegegnet. Dort hätte George Frederic Handel in dem anderen zugereisten Deutschen einen ernsthaften Konkurrenten beim Überlebenskampf um Publikumsgunst und Einnahmen haben können.

Hätte, würde, dürfte, könnte. Es war aber nicht so. Es kam anders. Ganz anders, denn dieser Bach war gänzlich anders. »Mit aller Musik soll Gott geehrt und die Menschen erfreut werden«, fand dieser Bach. »Wenn man Gott mit seiner Musik nicht ehrt, ist die Musik nur ein teuflischer Lärm und Krach.« Dass weltliche Bach-Kantaten, die viel Opernhaftes hatten, mit dem Untertitel »Dramma per musica« versehen wurden, war eher eine auf die Aufführungspraxis zielende Geste, aber keine durchschimmernde Herzensangelegenheit, die auf geschickt unterdrückte Musiktheater-Begeisterung hinwies.

1705 kehrte Bach zwar nicht nach Hamburg zurück. Doch zumindest in der geographischen Nähe Hamburgs spielte eine weitere Episode seines frühen Berufslebens. Er hatte einen anständigen Posten ergattert, als Organist in Arnstadt. Immerhin. Bach war ja noch jung und brauchte das Geld. Ende 1705 also reiste Bach nach Lübeck, weil ihn die Stelle des berühmten Organisten Dietrich Buxtehude reizte, und die Orgel an St. Marien ebenso. Die Aussicht auf eine Verheiratung mit Buxtehudes Tochter bewirkte allerdings das Gegenteil. Nachdem sich Bach bei diesem Besuch an der Trave von der Hoffnung verabschiedet hatte, eine renommierte Stelle zu erhalten, reiste er wieder ab, zurück in die Provinz. Die Gänsemarkt-Oper unterhielt ihr Publikum unterdessen mit Keisers »Die kleinmüthige Selbst-Möderin Lucretia oder Die Staats-Thorheit des Brutus«. Für Bach, rechtschaffen frustriert, gab es Wichtigeres als Keisers Abendbespaßung mit antiken Intrigen-Stoffen.

Die dritte, letzte, vielleicht größte Chance für Bach, Hamburger zu werden, bot sich 1720. Nach mehreren Karrierestationen war Bach seit 1717 Kapellmeister im anhaltinischen Köthen. Der Fürst war ihm sympathisch, die Belegschaft der Kapelle war qualitativ oberhalb von brauchbar. Und wieder war es eine attraktive Stellenausschreibung, die ihn aus der mitteldeutschen Provinz nach Norden zog. Diesmal nicht in Lübeck, sondern mitten in Hamburg. An St. Jacobi war die Orgelbank frei geworden. Bach hatte davon erfahren und machte sich, wieder einmal, auf den Weg. Zwei Stunden lang bewies er, wie brillant er als Organist war. Sogar Bachs Jugendidol Reincken war begeistert von der Fingerfertigkeit des talentierten Herrn Bach.

Doch als es in die zweite Runde gehen sollte, wollte Bach nicht mehr ins Rennen und reiste vor der Zeit ab. Die Pflicht in Köthen rief. Sein Verzicht habe vor allem mit dem stolzen Preis von 4000 Mark Courant – mehrere Köthener Monatsgehälter – zu tun, den ihn der neuen Posten als Anschubfinanzierung gekostet hätte, wird immer wieder gern als Erklärung genannt. Das klingt nach Kapitulation vor schnöder Pfeffersack-Mentalität, ist so aber nicht richtig. Entscheidender für Bachs Rückzieher war wohl, dass die Orgeln in Hamburg bei aller Liebe in jener Zeit besser waren als die damit verbundenen beruflichen Rahmenbedingungen. 1720 wurde an der Gänsemarkt-Oper unter anderem Schürmanns »Jason oder Die Eroberung des Güldenen Flüsses« gegeben. Johann Sebastian Bach hingegen reiste ein weiteres Mal ab, einer nach wie vor opernlosen Karriere entgegen. Diesmal für immer. Der Organistenposten an St. Jacobi ging an einen Kleinmeister namens Johann Joachim Heitmann, dessen Name nichts zur Sache tut. Und wenige Wochen später kam Georg Philipp Telemann als Musikdirektor nach Hamburg.

Georg Philipp Telemann 1685–1759

Künstlerpech, denn wie man sein Œuvre auch dreht oder wendet: Man findet bei Georg Philipp Telemann keine visionäre Neunte wie die von Beethoven. Keinen so existenziellen Liederzyklus wie die »Winterreise« von Schubert. Keine Opern-Solitäre wie Mozarts »Figaro« oder Wagners »Tristan«. Auch keine Klavier-Variationen wie »The People United Will Never Be Defeated« von Rzewski, und das nicht nur, weil es das heutige Klavier noch gar nicht gab und die damaligen Tasten-Instrumente nur zierliches Spielzeug waren im Vergleich mit der enormen klanglichen Spannweite eines modernen Flügels. So dachte, lebte, fühlte und schrieb Telemann einfach nicht.

Es gibt nur eines von Telemann: wahnwitzig viel Musik. Ästhetisch geformte Gebrauchsgegenstände für Dur und Moll, die den Geschmack ihrer Zeit punktgenau trafen. Aufs Papier geworfen von einem manischen Arbeiter. Alles in allem etwa 3600 Stücke sollen es sein. Allein 1400 Kirchenkantaten, 1000 Orchestersuiten, dazu mehr als 100 Solo-Konzerte, etwa 50 Opern und nicht viel weniger Passionen, 40 »Kapitänsmusiken«. Lieder zuhauf, Kammermusik sowieso mehr als reichlich, und sehr viel davon ist verloren und bleibt es wohl auch. Telemann war das Schweizer Taschenmesser unter den Tonsetzern seiner Zeit. Wenn es sein sollte, vertonte er auch die Naturschönheiten der Alster oder Ebbe und Flut. Wer sich mit Phantomschmerzen an die Musikstunden-Quälerei mit Blockflötensonatchen erinnert, vergisst dabei den Einfallsreichtum jenseits und oberhalb dieser Alltagskleinigkeiten. Telemanns Musik reagiert noch allergischer als die anderer Barock-Größen auf Mittelmaß-Interpreten.

Künstlerpech? Wenig wäre verkehrter als diese Einschätzung. Im Laufe seines Lebens brachte Telemann es auf mehr Werke als Händel und Bach zusammengerechnet – und weder der eine noch der andere ist dafür bekannt, sich beim Komponieren frugal gebremst zu haben. Telemann schrieb weniger für die Nachwelt, sondern eher für den schnellen Genuss. Ging etwas in diesem Schaffensrausch verloren, war das kein größeres Drama, sondern höchstens ein mittleres Malheur. Etwas Papier, etwas Zeit, vielleicht guter, starker Kaffee als Ablenkungsmanöver für den chronisch heißlaufenden Geist, und schon war frischer Noten-Nachschub da. Als Richard Strauss Jahrhunderte später sagte, er wolle Musik schreiben, wie die Kuh Milch gibt, muss er insgeheim an diese bewundernswerte Disziplin gedacht haben. Über alle Zweifel erhaben bleibt bei Telemann die Lebensleistung eines musikalischen Jahrhundert-Genies. Zu Lebzeiten gefeiert wie kein anderer, auch und sogar von dem hiesigen Komponisten und Musikschriftsteller Johann Mattheson, der sich seine Lobeshymnen für die Konkurrenz sehr gut einteilte: »Ein Lully wird gerühmt / Corelli lässt sich loben / Nur Telemann allein ist übers Lob erhoben.« Nur eines von unzähligen Komplimenten, die man ihm machte. Nach seinem Tod jedoch wurde Telemann im Rekordtempo auf völlig unverdientes Regionalliga-Format degradiert.

»Musikalisches Genie«, das sagt und schreibt sich so fürchterlich leicht. Im Laufe der Jahrhunderte hat die tiefere Bedeutung dieses Begriffs radikale Wandlungen durchgemacht. Das romantisch verklärte Komponisten-Genie war mit einem völlig anderen Selbstverständnis behaftet als zu Telemanns Zeiten. Da wurde bestellt, geschrieben, geliefert, abgerechnet, zügig die Perücke gerichtet, weitergearbeitet. »Soli Deo Gloria« schrieb Johann Sebastian Bach, der Vater von Telemanns Patensohn Carl Philipp Emanuel, unter seine notengewordenen Gottesdienste. Telemann war da weniger eindeutig und gottergeben. Für Befindlichkeitsmätzchen empfindlicher Künstlerseelchen, die doch bitteschön von allen geliebt und vom Schicksal verwöhnt werden wollten, fehlte ihm aber auch die Zeit. Was im eigenen Werkkatalog halbwegs zum Bestellformular des Anlasses passte, wurde pragmatisch passend gemacht, sobald der Abgabetermin nahte. Fand man bei Kollegen Schönes, war das hochachtungsvolle Zitieren kein Kavaliersdelikt und erst recht kein Plagiat, sondern eine Mischung aus Kompliment und Zeitersparnis.

46 Jahre in der 75.000-Menschen-Metropole Hamburg, von 1721 bis 1767, das sind elf Jahre mehr, als Mozart überhaupt vergönnt waren. 46 Jahre hat der 1681 in Magdeburg, also elbabwärts geborene Georg Philipp Telemann auf einem Prestigeposten verbracht: Director musices und Kantor am Johanneum, eine Mischung aus Hauptkirchenmusikdirektor für die großen Gotteshäuser und protokollarischem Generalintendant mit Hofkomponistenaufgaben für Feierlichkeiten der hohen Herrschaften im Rathaus und der Wirtschaft. Obwohl die Hansestadt keinen Hof hatte, dessen obersten Blaublüter man mit Hintergrundmusik bei Laune halten musste, war auch diese Akkord-Arbeit zu leisten. Ausreden, die verschmuste Muse hätte sich leider nicht blicken lassen, wurden nicht akzeptiert. Festmahl-Abende im Rathaus; siegreich geschlagene Schlachten zur Mehrung des Hamburger Ruhms und Reichtums, verschiedene Festmusiken für Protokollarisches, Trauermusiken für verschiedene Lokalprominenz. Irgendwas für irgendwen war immer. Und intellektuell anregend war es damals wohl auch: »Ich glaube nicht, daß irgendwo ein solcher Ort, als Hamburg, zu finden, der den Geist eines in dieser Wissenschaft Arbeitenden mehr aufmuntern kann«, schrieb Telemann 1723, nach wie vor be-

seelt von den Eindrücken, die auf den noch ziemlich neuen Neu-Hamburger einstürmten. »Hierzu trägt ein großes bey, daß, außer den anwesenden vielen Standes-Personen, auch die ersten Männer der Stadt, ja das ganze Raht-Collegium, sich den öffentlichen Concerts nicht entziehen.« So war das damals.

Nebenbei pflegte Telemann seine Komponistenkarriere. Er organisierte und leitete unzählige Konzerte, brachte seine gedruckten Musikalien in ganz Europa unter die dankbare Kundschaft. Eigenhändiges Notenstechen, 1728 die Gründung der ersten Musikzeitschrift, »Der getreue Musikmeister«. 15 Jahre lang war er auch noch, quasi nebenberuflich, in der Chefetage des Opernhauses am Gänsemarkt aktiv, für dessen Spielplan er rund 20 Opern schrieb. Und hatte als elder statesman des deutschen Barock sogar noch Zeit für ein so liebenswürdig bürgerliches Hobby wie die Freude an der Blumenzucht im Gärtchen, vor den Toren der Stadt gelegen. Sein Freund Händel schickte dem leidenschaftlichen Freizeit-Botaniker 1750 blumige Grüße aus England.

Im biblischen Alter von 86 Jahren starb Telemann im Juni 1767, an einer »Brustkrankheit«, und die Geringschätzung begann. Sein Kompositionsstil wurde als gestrig kleingeschrieben, die Frühklassiker hatten andere Idole und andere Blickwinkel auf die Kunst. Erste Pauschalurteile über die Ideenarmut des vermeintlichen Zuvielschreibers wurden in der Fachliteratur so oft und so gern wiederholt, bis sie sich zu Fehlurteilen verfestigten. Die bitterste Ironie der Musikgeschichte: Je eifriger der Heiligenschein von Johann Sebastian Bach poliert wurde, desto weiter ins Abseits der Kleinmeister wurde Telemann verdrängt. 1844 war über ihn zu lesen: »Telemann kann entsetzlich bummelich schreiben, ohne Saft und Kraft, ohne Erfindung; er dudelt ein Stück wie das andere herunter.«

Die dümmsten Verfehlungen sind mittlerweile verjährt und vergessen, doch die ganz große Renommee-Rehabilitation lässt nach wie vor auf sich warten. Dass Telemann dort begraben liegt, wo jetzt das Hamburger Rathaus steht, hilft nur sehr bedingt. Man findet kein einziges großes Denkmal in seiner Stadt, obwohl man mehrere für Brahms errichtet hat. So gesehen, bleibt am Ende dann doch auch eines zu bilanzieren: Künstlerpech.

Carl Philipp Emanuel Bach 1714–1788

Musikgeschichte ist oft ungerecht. Mal ist man als Komponist seiner Zeit voraus, bleibt deswegen unverstanden, unaufgeführt, umstritten; schreibt man aber dem allgemeinen Zwischenstand des Geschmacks hinterher, riecht das eigene Schaffen nach Zuspätwerk und man wird das Etikett des Gestrigen nicht mehr los. Carl Philipp Emanuel Bach – für seine Freunde: CPE – ist eine besonders spezielle Zwischengröße. 1788 in Hamburg gestorben. Seine letzte Ruhe fand er in der Krypta von St. Michaelis, in einer seiner vielen Dienststellen also. 1714 in Weimar geboren, zweiter der vier bekannten Bach-Söhne, und der mit weitem Abstand berühmteste Junior im üppig verzweigten Geäst des Stammbaums. Im gleichen Jahr geboren wie der Kollege Christoph Willibald Gluck, der – ähnlich, aber anders – ebenfalls ein Gourmet-Komponist für zu wenige ist.

Zu CPEs Lebzeiten war der Rest der Familie Bach nach hier, da und dort verstreut. Sein Vater war eine honorige Regionalgröße, der sich als Kantor in der Provinz die Finger wund schrieb, um das von ihm geforderte Notenpensum zu erreichen. »Der große Bach«, den man europaweit kannte und schätzte, das war nicht Ahnvater JS, sondern das »Originalgenie« CPE. Doch CPE saß nun mal, sehr bequem und überaus erfolgreich, eigenwillig zwischen den Stilen. Die Musik, die er schrieb, war eindeutig nicht mehr barock, aber auch noch nicht wirklich klassisch. »Vorklassiker« also. Tja. Klingt wie Vorschule, Vorstufe, Vorspeise. Mozart, Haydn, Beethoven, die noch unumstritteneren, aber zeitloseren Größen, die Hauptgänge und Schwergewichtigeren vom Wiener Olymp, sollten erst noch ins Spiel kommen. Sie überstrahlen, andere wurden von ihnen verschattet, ob sie es verdient hatten oder nicht. CPE hat es nicht verdient. »Er ist der Vater, wir die Bub'n. Wer von uns was Rechtes kann, hat von ihm gelernt«, soll Mozart bewundernd gesagt haben, was, wenn es so passiert ist, nett gemeint ist und angemessen ist es auch. Musikgeschichte ist dennoch ungerecht.

Mit CPE Bach kam die Empfindsamkeit ins Spiel. Was er schrieb, lebte vom Streben nach der inneren Ausgeglichenheit, vom sanften Stürmen und Drängen Richtung Melodie. Rokoko für die Ohren, Aufklärung fürs Gemüt. »Mich deucht, die Musik müsse romantisch das Herz rühren.« Gebt Notenfreiheit, Sire. Verspieltheit durfte wieder sein. Es war dennoch möglich und unabdingbar, dass CPEs erster großer Chef, der spätere Friedrich II., zum Wohle Preußens vom Freizeit-Flötisten in einen stramm losmarschierenden Heerführer verhärtete. Die Begleitperson neben Seiner

Majestät auf Menzels berühmtem Gemälde mit dem Flötenkonzert in Sanssouci soll CPE darstellen, doch die körperlichen Ähnlichkeiten sind sehr gering. CPE war eher untergroß für seine Statur. Schwarze Haare unter der Perücke. Ein sympathischer, umgänglicher Zeitgenosse soll er gewesen sein. Nur mit seinem Verleger, das belegt die erhaltene Geschäftskorrespondenz, hat er ebenso hartnäckig wie hart gefeilscht.

Etwa drei Jahrzehnte lang war Bach seinem Monarchen zu Diensten. Im Laufe der Jahre wuchs jedoch der Frust über die gut ausstaffierte Sackgasse, in der sich Bach gefangen fühlte. In Hamburg war Georg Philipp Telemann als »Director musices« eine internationale Bekanntheit. Nach dessen Tod 1767 bewarb sich sein Patensohn auf den prestigeträchtigen Posten und wurde genommen. Um sich aus der Verpflichtung als Kammercembalist bei Hofe herauszuschlawinern, erfand CPE eine raffinierte Ausrede: In einem Brief behauptete er, knapp an der Wahrheit vorbei, dass die Gicht in seinen Fingern doch arg schlimm geworden sei. Man werde wohl damit rechnen müssen, dass es mit dem Kammercembalieren bald ein Ende habe. In Hamburg jedoch käme es auf diese Fingerfertigkeit nicht so an, da würde er vor allem dirigieren sollen. Offizielle Stellen in Hamburg sekundierten mit einem entsprechend kreativen Schreiben, und Friedrich gestattete. Zumindest ein Teil dieser Notlüge bewahrheitete sich: Von der manuellen Anstrengung des Orgelspiels ließ Bach in Hamburg die Finger.

Als er mit seinen Siebensachen anreiste und damit vom »Berliner« zum »Hamburger Bach« wurde, war die einst so berühmte Bürgeroper am Gänsemarkt schon ein Jahrzehnt lang Geschichte. Das Genre war verjährt, das Musik-Theatrum war heruntergewirtschaftet worden. Kein großes Drama für diesen Bach, dem zwar viel daran lag, seinem Konzert-Publikum eine möglichst große Repertoire-Bandbreite zu präsentieren. Doch Oper spielte für ihn keine Rolle. Als Sohn eines Musikers, der unter seine Noten »Soli Deo Gloria« schrieb, war er mit anderen Vorlieben aufgewachsen.

Organist also war er nicht in Hamburg, dafür aber eine gesellschaftliche Größe in den gutbürgerlichen Kreisen der Handelsstadt. Der immense Fleiß seines Patenonkels Telemann hatte die Messlatte in den vergangenen Jahrzehnten arg hoch gelegt. Auch CPE Bach musste fast unentwegt komponieren für sein Gehalt, für etliche feierliche Anlässe die angemessen würdevolle Klangtapete liefern. Eine seiner vielen Festmusiken – der schwedische Kronprinz hatte seinen Besuch praktisch von jetzt auf gleich angekündigt – soll in zwölf Stunden fertig gewesen sein. Ohne Selbstzitate und Pauschalismen war das alles kaum zu leisten. Dennoch blieb Bach seinen eigenen Qualitätsmaßstäben und ästhetischen Vorstellung treu, so treu, dass er auch nicht von ihn abweichen konnte oder wollte, als sein

Personalstil in die Jahre kam und Jüngere, andere Komponisten beliebter wurden als der gute, aber ältliche »Hamburger Bach«.

Bach behielt sein offenbar sehr gelassenes Gemüt. Egal, wie sehr ihm und seiner Frau die Bewunderer in Hamburg die Bude einrannten, er nahm wenig davon übel, heißt es. Der Schriftsteller und Journalist Matthias Claudius soll besonders nervensägend gewesen sein, heißt es. Er soll dem hochverehrten Tonkünstler nach einem Konzert im Michel bis zu dessen Tür gefolgt sein. Andere Dichter und Denker gingen bei Bachs ein und aus, insbesondere mit Klopstock war er eng befreundet. Einmal wurde die Ausleihgebühr für Noten in Mettwürsten beglichen, heißt es. »Heißt es« ist ein wiederkehrendes Motiv in der posthumen Betrachtung. Allzu viel Direktes ist, verglichen mit anderen Künstlern seines Formats, nicht überliefert. Eine frühe, 1789 geschriebene Biographie, die noch von der unmittelbaren Nähe zum Subjekt profitiert hatte, blieb ungedruckt. So bleibt vor allem der Werkkatalog zur Analyse seines Verfassers: Musik vor allem für »Kenner und Liebhaber«. Beiden Zielgruppen wollte er gefallen, beide wollte er beeindrucken.

Nachdem sich der englische Musikpublizist Charles Burney im Rahmen seiner Europatournee aus Komponistenbesuchen auch bei Bach einfand, jubilierte er: »Hamburg besitzt gegenwärtig außer dem Herrn Kapellmeister Carl Philipp Emanuel Bach keinen hervorragenden Tonkünstler, dagegen aber gilt dieser auch für eine Legion!« Doch auch der üppigst gewundene Lorbeerkranz half nicht gegen das schnelle Vergessen- und Unterschätztwerden. »Seine Kompositionen sind Meisterstücke und werden vortrefflich bleiben, wenn der Wust von modernem Klingklang längst vergessen sein wird.« Dass ein örtlicher Nachruf derart in die Vollen ging, blieb frommer Wunsch. Außer den sehr vielen Werken, die so gut wie nicht gespielt werden (und dann oft nicht so gut wie unbedingt notwendig), bleibt als Trost nur die poetisch formulierte Überschrift seiner wegweisenden ästhetischen Gebrauchsanweisung für Tasteninstrumente: »Versuch über die wahre Art das Clavier zu spielen«. Carl Philipp Emanuel Bach hat enorm viel versucht und enorm viel erreicht. Wir haben nur weitgehend verlernt, sein Vokabular zu verstehen.

Felix Mendelssohn Bartholdy 1809–1847

Wie alle großen Künstler müssen auch Komponisten im großen Stil leiden. Sie müssen sich quälen, erst entwerfen und dann verwerfen, mit sich hadern und mit dem Rest der Welt. Was leicht fällt, spielerisch, verspielt wirkt? Kann nichts taugen. Frühwerke müssen unbeholfen Richtung Schlussakkord stümpern, nach Selbstüberschätzung und Verwirrung klingen. Prinzipiell verdienen sie es, auf Nimmerwiederhören entsorgt zu werden. Jede einzelne verdammte Note müssen große Komponisten dem gehässigen Schicksal aus seinen Fingern entwinden; sobald sie einen guten Einfall haben, müssen sich die nächsten drei, mindestens, als unbrauchbar entpuppen. Ihr Leben muss eine Vorhölle aus Verzweiflung und Zweifel sein. Und wenn es tatsächlich so weit kommen sollte, dass irgendjemand den hanebüchenen Fehler begeht, ein Opus für aufführenswürdig zu halten, muss es bei der Premiere krachend durchfallen.

Soweit das klassische Klischee. So weit davon entfernt sind Leben und Werk von Felix Mendelssohn Bartholdy, dass man auch mehr als 200 Jahre nach seiner Geburt nur staunen und ein wenig neidisch sein kann. Obwohl er es nicht nötig hatte, schrieb er unter Frischkomponiertes ein demütiges »Lass es gelingen, Gott«, und später »Hilf Du mir«.

Felix wurden durch eine höhere Macht von nahezu allem, was ein Künstler zu seinem Glück gebrauchen kann, extragroße Portionen ins Leben geworfen. Ein hochbegabter Zeichner war er übrigens auch, und ein geradezu manischer Briefschreiber. Und dann starb er. Mit 38, als einer der erfolgreichsten und renommiertesten Komponisten seiner Zeit. Mit 38 hatte ein Beethoven erst zwei Drittel seiner neun Symphonien komponiert. Wagner hatte gerade die Uraufführung des »Lohengrin« hinter und noch sehr viel vor sich.

»Glücklicher Mensch! Dich erwartet wohl nur ein kurzes Ephemeren-Leben, aber Liebe, Glück und Kunst haben es aus Licht und Wärme Dir gewoben! Zieh hin und sinke, wenn es sein muß, wie alles Schöne im Frühlinge dahin!« Adele Schopenhauer, die Schwester des Philosophen, schrieb diesen Tagebucheintrag, als Felix zwölf war.

Das erste erhaltene Stück von Felix, etwas Kleines für Klavier, ist auf den 7. März 1820 datiert. Der Zwölfjährige durfte, als Wunderkind aus sehr gutem Hause, den Dichterfürsten Goethe treffen, ihm vorspielen, mit ihm herumalbern und vom greisen Weimarer Geheimrat aus nächster Nähe lernen, was Geistesgröße sein kann. Zum Abschied erhielt der kluge Knabe eine Seite des »Faust«-Manuskripts als Souvenir. Mit 13 hatte er schon drei Singspiele komponiert. Ignaz Moscheles verweigerte Felix nach einigen Wochen den Klavierunterricht, als der 15 war – er könne doch schon alles. 1825 wurde Felix zur Begutachtung durch den für seine Opern bewunderten Luigi Cherubini zur künstlerischen Reifeprüfung nach Paris geschickt. »Der Junge ist begabt; er wird Gutes leisten; er leistet jetzt schon Gutes.« Bestanden, was auch sonst. Mendelsohn war 17 als er seine »Sommernachstraum«-Musik schrieb. Als er am 11. März 1829 mit einer Aufführung von Bachs Matthäuspassion dafür sorgte, dass ein Wunder angemessen wiederentdeckt werden konnte, 20. Eine Sensation war das, ein Riesenprojekt. Und im Publikum saßen unter anderem Hegel und Heine.

Geboren wurde Felix Mendelssohn Bartholdy, das Jahrhunderttalent, 1809 in Hamburg. Zum Berliner wurde er, der tagespolitischen Gegebenheiten wegen, mit drei. Die Hansestadt blieb Zufall und Randthema in seiner Biographie, Startblock nur für die erste große Englandreise. Die »schöne Stadt, wo man über die Austernschalen stolpert, und die Milch in rothen Eimern zum Verkauf trägt«. Überbordende Wiedersehensfreude mit der Geburtsstadt klänge wohl anders. »Mendelssohn und Hamburg, das ist eine eher flüchtige Liaison«, hatte die damalige Kultursenatorin Christina Weiss erkannt, als es 1997 darum ging, den 150. Todestag dennoch würdig zu absolvieren. Finstere Laune des Schicksals: Am Abend des 4. November 1847, an dem Mendelssohn in Leipzig an den Folgen mehrerer Schlaganfälle starb, wurde im Hamburger Stadt-Theater sein Oratorium »Elias« aufgeführt. »Der Geist des genialen Meisters entfloh der irdischen Hülle in derselben Stunde, in welcher hier, in seiner Geburtsstadt, die letzten Töne des herrlichen Schlusschores seines Schwanengesangs verklangen«, hieß es tränenschwer in einem Nachruf.

Ein stellenweise schwieriges Kapitel im Lebenslauf: Felix und Fanny. Die Geschwister-Thematik, anders als bei den Mozarts, da waren die Göttergaben eindeutiger verteilt. Großartig komponieren konnten sowohl Felix als auch die vier Jahre ältere Schwester, ohne jedes Wenn und Aber gestattet und zugestanden wurde es nur ihm. »Die Musik wird für ihn vielleicht Beruf, während sie für Dich nur Zierde, niemals Grundbaß Deines Seins und Tuns werden kann und soll«, bekam Fanny von ihrem Vater zu lesen. Ehe ging vor Karriere. Sie soll mehr als 400 Werke geschrieben haben. Einige hat Felix unter seinem Namen veröffentlicht. Wohl eine Mischung aus Gefälligkeit und Gnade. Der Gedanke ans Abkupfern spielte keine Rolle, warum sollte er auch. Felix bekam schon früh von allen Seiten und auf allen Ebenen bestätigt, wie talentiert er war. Er machte die Karriere. Was seine Schwester Fanny tat, die er »Liebste Fenchel« nannte oder »Kantor«, wegen ihrer Bach-Bewunderung, das tat er als Fingerübungen ab.

Ehe ging vor Karriere, für eine Frau in ihrer gesellschaftlichen Schicht zumal. Sie litt darunter, zeitlebens. Er nicht. Als sie sich mit 40 entschließt, ihre Stücke selbst zu veröffentlichen, gibt der »Rabenbruder« ihr eher halbherzig seinen »Handwerkssegen«. Wenige Monate später stirbt sie, an einem Schlaganfall.

Es gibt immer noch enorm viel zu hören und zu entdecken im Werkkatalog Mendelssohns. Die Bläserakkorde, mit denen die »Sommernachtstraum«-Ouvertüre beginnt und sich der Vorhang vor den Ohren hebt, sind ein enorm populäres, aber perfektes Beispiel für subtile Stimmungsmache auf kleinstem Raum. Wenn man bedenkt, dass der zwölfjährige Felix bei der Berliner Uraufführung von Webers »Freischütz« dabei war, wird klar, dass diese Inspirationsquelle für Naturstimmung und Romantik sehr elegant angezapft wurde. Diese Bläserakkorde, einige wenige Töne wie silbriges Mondlicht, sind längst nicht so mystisch aufgeladen und so rätselhaft wie der über-sinnliche Beginn des »Tristan«-Vorspiels, das Wagner Jahrzehnte später zu Papier brachte. Doch obwohl (oder gerade: weil?) der Antisemit Wagner übelst über den protestantisch getauften Mendelssohn herzog und den Schöpfer der »Hebridenouvertüre« hämisch zum »Landschaftsmaler« deklassieren wollte – sich mehrfach großzügig bei dessen Genius zu bedienen, war überhaupt kein Problem. Für Nietzsche, nie um eine Verbalinjurie verlegen, verkörperte Felix Mendelssohn Bartholdy nur »den schönen Zwischenfall der deutschen Musik« (in »Jenseits von Gut und Böse«), als wäre er eine Petitesse, die man zur Kenntnis nehmen könne oder auch nicht. Für den Pianisten Alfred Brendel jedoch war dieser Glücksfall der Kulturgeschichte »der größte komponierende Jüngling, den es je gab«.

Johannes Brahms 1833–1897

Ich freue mich Ihnen mitzuteilen, dass Sie zum Ehrenbürger Hamburgs ernannt sind. Weiteres vorbehalten. Bürgermeister Petersen.« 23. Mai 1889, zugestellt in Bad Ischl, Österreich. Mit 56, als erster Künstler überhaupt, Ehrenbürger seiner Geburtsstadt zu werden, der man vieles, aber bei weitem nicht alles verdankte? Der harte Knochen, als der sich Johannes Brahms gern gab, muss unter der Schutzschicht aus Nikotinqualm, Bart und Bauch gerührter gewesen sein, als es ihm recht sein konnte. Er hatte schließlich den Ruf des Schwierigen zu verlieren. »Falls es hier jemanden gibt, den ich noch nicht beleidigt habe«, war einer seiner Klassiker, »den bitte ich um Entschuldigung.«

Berühmt war der Grantler aus dem Gängeviertel in den späten 1890er schon längst, erfolgreich und populär. Brahms war seit vielen Jahren Buten-Hamburger, lebte in Wien, ließ sich Zeitungen von der Elbe an die Donau nachsenden und pflegte seinen norddeutschen Tonfall. Der allergrößte Teil der Musik, die Brahms dort und andernorts schrieb, hat mit der geographischen Befindlichkeit ihres Entstehungsorts nichts zu tun. Warum sollte sie? Sie ist viel zu überpersönlich in ihrer Individualität, um lediglich vertonter Stadtplan zu sein (auch Schuberts »Winterreise« ist kein Protokoll eines verunglückten Ski-Urlaubs). Brahms' Musik klingt immer auch nach Moll, selbst wenn ein Opus offiziell in Dur komponiert ist. Sie kann Wunden lindern, von denen man bis zur Begegnung mit ihr noch gar nicht wusste, dass man sie haben könnte.

Hin und wieder allerdings schickte Brahms den Frei-aber-einsam-Schöngeist auf eine Zigarette vor die Wohnungstür: wenn es um die Pflicht des Tonsetzers ging, nicht um die Kür des Tonkünstlers. Bereits die 1880 komponierte »Akademische Festouvertüre«, Dank für eine Ehrendoktorwürde in Breslau, gehört eher in die Kategorie »Aus den Ohren, aus dem Sinn«. Die »Fest- und Gedenksprüche« op. 109 sind ebenfalls kein unverzichtbares Meisterwerk. Die drei kurzen Chorsätze haben natürlich nicht die Klasse der im Schatten Beethovens gereiften Symphonien, der unbeirrbaren Klavierkonzerte, des in Gott vertrauenden »Deutschen Requiems«, der ergreifend aufrichtigen Kammermusik, der Herzblut-Stücke für Klavier. Doch gerade das macht die Grußpostkarte für achtstimmigen Chor ans Hamburger Rathaus auch so hörenswert. Brahms »konnte« auch das. Selbstverständlich konnte er das.

Er war nicht nur ein Hamburger Jung, sondern auch ein Kind seiner Zeit. Und wenn Hammonia sich per Telegramm meldete, sagte man als braver Sohn der Stadt, wie es sich gehört: »Vielen Dank!« O-Ton Brahms im Antworttelegramm: »Ihre Nachricht verehre dankbar als die schönste Ehre und größte Freude, die mir von Menschen kommen kann«, ließ er wissen. Die Ernennung taufte Brahms lakonisch-liebevoll seinen »Heimatschein«, Opus 109 wurde Bürgermeister Petersen gewidmet. Dass sie ursprünglich als allgemein brauchbare Stücke für nationale Feiertagsanlässe gedacht waren, schrieb Brahms nicht in die Widmung.

Eine Spekulations-Fußnote hat diese Geschichte auch. Beinahe wäre Petersens Telegramm nicht an Brahms gegangen, sondern an seinen Freund, den Dirigenten Hans von Bülow. Eingefädelt worden war das angeblich vom Stadttheater-Direktor Bernhard Pollini, jenem Pollini, mit dem sich wenige Jahre später dessen gern cholerischer Kapellmeister – ein gewisser Gustav Mahler – ständig in die Wolle bekam. Doch Bülow überzeugte Petersen, dass die Ehrenbürgerschaft bei Brahms besser aufgehoben wäre.

Mit seiner Ernennung war Brahms in beachtlicher Gesellschaft: Reichskanzler Otto von Bismarck und Generalfeldmarschall Hellmuth von Moltke waren vor ihm in diesen elitären Club berufen worden. Nicht schlecht für den Sohn eines Orchestermusikers aus dem Gängeviertel, weit entfernt vom »von« geboren. In einem Gutachten war dokumentiert worden, wie überaus weise der Senat bei seiner Entscheidungsfindung vorgegangen war. »In den neuesten musikalischen Zeitschriften und Konversationslexika ist Brahms anerkannt, nicht nur als ein tüchtiger, sondern als einer der bedeutendsten Komponisten der Gegenwart.« Um auf Nummer Sicher zu gehen, hatten die Würden-Überträger zusätzlich eine Legitimationsversicherung im Text des »Ehrenbürger-Diploms« installiert, gut sichtbar: »Dem werthen Sohne unserer Stadt, in welcher von Alters her die Tonkunst gepflegt wird.« Soll auch sagen: Wir waren schon immer wer; Brahms' Geburt hier mag Zufall, Schicksal, Vorsehung gewesen sein – unsere sachkundige Begeisterung für Wahres, Schönes und vor allem Gutes gab es schon vor ihm, und es wird sie auch nach ihm weiter geben.

Wer so viel von sich und seiner eigenen Meinung hält, lässt sich nicht an falscher Stelle lumpen. Deswegen wurde das Diplom standesgemäß prächtig verpackt. 91 mal 79 Zentimeter, in einer Lederschatulle. 3000 Mark, einen damals überaus stolzen Preis, hatte man sich diesen opulenten Schutzumschlag kosten lassen. Im Preis des (Eigen-) Lobs inbegriffen war auch das kulturpolitische Leitmotiv der Ehrung: »Die Krönung der Tonkunst durch Hammonia«. Brahms und Kunsthallen-Direktor Alfred Lichtwark stimmten zu, dieses Gesamtkunstwerk für einen Monat im Vorzeige-Museum der Stadt vorzuzeigen, bevor es dem Ehrenbürger in Wien für die private Verwendung übereignet wurde.

Rührungsverstärkend kam hinzu, dass Brahms zweimal einen Posten in Hamburg nicht erhalten hatte. Er hatte aber auch keine Bewerbungen dafür eingereicht. Die Dinge liefen komplizierter schief. 1862 hatte man den ins Gespräch gebrachten Komponisten als Direktor der hiesigen Singakademie engagiert. Als dieser Posten fünf Jahre später wieder zu vergeben war, ging er erneut nicht an Brahms. Aus der Nähe betrachtet: zwei Ablehnungen, die sicher empfindlich geschmerzt haben. Sie fanden auch einen Stammplatz in den Charakterstudien früher Biographen, weil sie nur allzu gut ins Schema des romantischen Einzelgängers passten. Aus weiterer Distanz betrachtet, war die Sache jedoch schon weit weniger misslich. Denn als Brahms einen vergleichbaren Posten in Wien annahm, hielt er es auf dieser Führungsposition nur kurz aus. Pflichten statt Kür. Nicht seine Welt.

Geschichte wiederholt sich nicht? Das kann man so nicht immer sagen, auch in der Causa Brahms nicht. Anfang der 1980er soll darüber nachgedacht worden sein, den marmornen, von Musen umwickelten Brahms von Max Klinger aus dem Brahms-Foyer in der Laeiszhalle zu entfernen. Das Konzerthaus steht ganz in der Nähe des Gängeviertels, in dem Brahms geboren wurde. Es brauchte damals angeblich erst ein kleines Machtwort von Helmut Schmidt, damit dieser Brahms blieb, wo er hingehört. Im April 1997, 100 Jahre nach Brahms' Tod in Wien, wurde der Platz vor der Laeiszhalle umbenannt, in: Johannes-Brahms-Platz.

Gustav Mahler 1860–1911

Auch für Gustav Mahler war Hamburg nur Tor zu einer größeren, weiteren Welt. Hinaus, ins Freie, die einsame, fast schon jenseitige Höhe einer metaphysisch empfundenen Natur, die er in seinen Symphonien zu beschreiben versuchte. Dorthin, wo das Licht hell ist, wärmend, und man, wie der »Gottsucher« es anstrebte, das Heilige im Sein fühlen kann. Für das norddeutsche Flachland, das bodenständige Denken und Handeln zwischen Soll und Haben, war Mahler nicht gemacht. Der »Asket mit weltverlorenem Blick«, wie ihn sein Hamburger Korrepetitor und Jünger Bruno Walter einmal nannte, brauchte den unverstellten Blick ebenso wie die bissige Ironie. Den fundamentalen Zweifel, die Sinnsuche. Die naiv kindliche Freude am einfachen Leben und die finstere Erschütterung der unausweichlichen Vergänglichkeitserkenntnis.

Für den Böhmen war die Hafenstadt im Norden nur Trainingslager, Sparringspartner, Startrampe, Durchlauferhitzer. Was Mahler hier über Tradition und das Vermeiden von Schlamperei lernte, half ihm später; was er hier als vehementer Pflichtverteidiger der Kunst durchmachen musste (oder eigenhändig anrichtete), härtete ihn ab. Der junge, brennend ehrgeizige, gar nicht handzahme Dirigent und Nebenberufskomponist kam am 26. März 1891 um 17.30 Uhr in Hamburg an, um die musikalische Leitung des Stadt-Theaters an der Dammtorstraße zu übernehmen, und verlor keine Zeit. Schon am nächsten Tag absolvierte der neue Erste Kapellmeister seine erste Probe. Am 25. April 1897 – rechtzeitig in St. Ansgar, dem »Kleinen Michel«, katholisch getauft, um für antisemitische Anwürfe auf dem Olymp der Intrige besser vorbereitet zu sein – reiste er aus Hamburg ins für ihn Allerheiligste ab: in die Chefetage der Wiener Hofoper.

Zwischen diesen beiden Lebensdaten lagen sechs Jahre aufreibender, erschöpfender Arbeit im Noten-Bergwerk der Tonkunst. Im Dauerclinch mit dem Theater-Hausherrn Bernhard Pollini prallten zwei Riesen-Egos aufeinander. Als Mahler 1892 aus Angst vor der in Hamburg ausgebrochenen Cholera-Epidemie mit zeitlichem Sicherheitsabstand aus dem Sommerurlaub zurückkehrte, brummte ihm sein Vorgesetzter 12.000 Mark – etwa ein Jahresgehalt – als Konventionalstrafe auf. Eine weitere Disziplinarmaßnahme wegen Renitenz: Strafdirigate. Seine Lieblinge, so anspruchsvolle Stücke wie der »Tristan« oder die »Zauberflöte«, wurden ihm entzogen, stattdessen musste Mahler Verachtetes wie die »Cavalleria rusticana« oder Novitäten im Graben abarbeiten, die so schnell aus dem Spielplan flogen, wie sie dort landeten. Kein Wunder, dass Mahler mehrfach versuchte, sich weg zu bewerben, nach Frankfurt, Bremen, Schwerin, München, sogar zurück nach Budapest, seiner Karrierestation vor Hamburg, bis es in Wien klappte, unter anderem wohl auch wegen der Fürsprache von Johannes Brahms.

Im täglichen Mit- oder eher Gegeneinander des Musiktheaterbetriebs war Mahler ein Fanatiker riesigen Ausmaßes, der die Divenhaftigkeit vieler Diven kaltlächelnd übertraf. Der Musikkritiker Ferdinand Pohl schrieb auch über Mahlers Umgang mit dem Orchester, und es liest sich nicht versehentlich wie ein Frontbericht: »Er quälte es, peinigte die Musiker bis aufs Blut, erpresste den letzten Hauch ihrer Kraft von den Erschöpften; forderte mit der Grausamkeit eines Tyrannen, der über Sklaven herrscht, das Höchste von ihnen. Das war ein tragisches Verhältnis.«

Der Dirigent Hans von Bülow, ein Idol Mahlers, hinterließ der Nachwelt ein ähnlich drastisches Urteil: »Aufrichtige Bewunderung für ihn hat mich erfüllt, da er – ohne Orchesterprobe! – das Musikantengesindel – ja – gezwungen hat nach seinem Tanze zu pfeifen.« Ein weiterer prominenter Ohrenzeuge dieser Taktstock-Tyrannei war der Komponist Peter Tschaikowsky. Ursprünglich hatte der 1892 die deutsche Erstaufführung seiner Oper »Eugen Onegin« in Hamburg dirigieren wollen, doch als diese Pläne wegen akuter Überforderung scheiterten, übergab er die Aufgabe an den local hero und schrieb über den vermeintlichen Lückenfüller: »Der Kapellmeister hier ist nicht Mittelmaß, sondern ein vielseitiges Genie, das darauf brennt, die Premiere zu leiten.« »Sobald er den Taktstock in den Händen hielt, wurde er zum Despoten«, gruselte sich die Altistin Ernestine Schumann-Heink über den Pultberserker Mahler, der als Mensch aber einer der liebenswertesten und freundlichsten gewesen sei, die man sich überhaupt vorstellen könne.

Denn es gab gleichzeitig auch den ganz anderen Mahler, den herzensguten Kümmerer und Egostreichler. Den fürsorglichen Tutti-Vater, der sich mit dem Intendanten für eine bessere Bezahlung des Orchesters anlegte. Pollini hielt seine Musiker mit lausig dotierten Spielzeitverträgen an einer sehr kurzen Kandare, hetzte und verheizte sie, indem sie auch noch ständig im Thalia oder in Altona zu spielen hatten, den beiden anderen Häusern, an denen der Mehrfach-Intendant das Sagen hatte. Das Orchester war ständig auf der Felge unterwegs, und dann hatten sie auch noch diesen Choleriker vor sich, dessen Perfektionismusdrang so weit ging, dass er probte und probte und probte und zur Sicherheit gleich noch mal probte, bis alles fast so war, wie er es wollte. Und dann vielleicht noch eine weitere Probe ansetzte, weil er es konnte. Für eine »Walküre« – absolutes Kernrepertoire an diesem Haus, das in dieser Zeit so viel Wagner-Opern bot wie kein anderes im deutschsprachigen Raum – brachte

43

44

Mahler es mit dieser Einstellung einmal auf 80 Proben. Dass er auf eigene Kosten einige neue Instrumente für das Orchester anschaffte, war eine sympathische Geste, aber letztlich nur ein Trostpflaster, denn er verdiente etwa das Zehnfache vom Gehalt eines Musikers. Und es gab den Interpreten Mahler, aus gutem Grund vom Talentscout Pollini eingekauft, für den Stimmbänder lediglich »Musik-Emotionsförderbänder« waren. Pollini wollte Stars bieten. Mahler wollte Kunst schaffen. Mahler prügelte Orchester und Ensemble buchstäblich vor sich her, forderte Höchstleistungen und bekam sie. Der glühende Wagnerianer, der alle zehn Opern des jährlichen »Wagner-Zyklus« selbst übernahm, ließ nicht locker, bis seine Vorstellung eines Gesamtkunstwerks auf der Bühne passierte, koste es alle anderen an Nerven, Schweiß und Tränen, was er wolle.

Auch seine eigene Kondition schonte Mahler nicht. 14 Premieren pro Saison waren damals das Normalmaß, gut die Hälfte davon waren Chefsache. In seinen sechs Hamburger Jahren hatte Mahler 715 Abende dirigiert, 1895/96 beispielsweise 147 der 212 Vorstellungen, 29 Stücke. Stoff genug für zwei Kapellmeister, mindestens.

Als Kontrastprogramm zum chronischen Explodieren während dieser Akkordarbeit hat Mahler in seiner Freizeit die irdischen Freuden des Radfahrens für sich entdeckt – ein schönes Symbol für seine charakterliche Verfasstheit: Man kam schneller von A nach B als andere, saß, lenkte und konnte überholen und damit forschflott hinter sich lassen, was einem nicht passte.

»Auferstehen, ja auferstehen wirst du, mein Staub nach kurzer Ruh.« Es ist eine Ironie dieses Künstlerschicksals, dass Mahler ausgerechnet auf einer Trauerfeier die Inspiration zum Finale seiner 2. Symphonie erhielt. Bülow war gestorben, zu seinen Ehren erklang 1894 im Michel auch ein Choral auf Worten des Dichters Klopstock. Worte, die in Mahler etwas zum Klingen brachten und denen dieses Stück letztlich seinen Beinamen »Auferstehungssymphonie« verdankte.

»Mein ganzes Leben ist ein großes Heimweh.« Dieser Drang nach Anderem brachte Gustav Mahler an die Elbe. Dieser Drang trieb ihn wieder fort, als fahrenden Zeitgenossen. Vielen schmerzhaft fremd und vielem schmerzhaft nah.

Rolf Liebermann 1910–1999

Cooler als Rolf Liebermann konnte man als Intendant eines Opernhauses nicht werden. Als es darum ging, ob er für dieses Amt an der Staatsoper in Hamburg berufen werden sollte, arbeitete der Schweizer zwar in Hamburg. Sein Haus allerdings hatte der NDR-Hauptabteilungsleiter Musik am Zürichsee, und da er dort so gern war, ließ er sich seine zukünftigen Chefs aus der Hamburger Politik in die Schweiz einfliegen, anstatt musikbeamtenbrav ins hanseatische Amtszimmer zu eilen. Die hohen Herren waren derart überrumpelt, dass sie gehorchten. Ein Vorstellungsgespräch unter deutlich anderen Vorzeichen. 22. August 1958, fünf Minuten kurz. »Was sind schon Konzeptionen? Es kann doch nur die Praxis etwas zeigen. Ich habe Ihnen wirklich nichts zu sagen.« Die Stelle gehörte Liebermann. Im Herbst 1959 konnte eine Ära beginnen, sie endete 14 Jahre später und hatte nach einer schwierigen Amtszeit in Paris von 1985 bis 1988 ein dreijähriges Nachspiel in Hamburg. Seitdem muss sich jeder hiesige Opern-Intendant an der Legende dieses Vorgängers messen lassen.

Was der Neue für die Dammtorstraße, der auch ein Faible für den Jazz hatte, damals vielleicht nicht wusste: Er war mit seiner Coolness in legendärer Gesellschaft. 1959 war im Jazz ein historisches Jahr, eines dieser Jahre, für das Amerikaner aus gutem Grund die Vokabel »stellar« reserviert haben. Miles Davis veröffentlichte »Kind of Blue«, John Coltrane raste mit »Giant Steps« los, Dave Brubeck gönnte sich »Time Out« und Ornette Coleman formulierte »The Shape of Jazz to Come«. Wohin Rolf Liebermann, der Großneffe des Malers, mit dem Musiktheater wollte, machte seine erste wichtige Premiere klar: Hans Werner Henzes »Prinz von Homburg«, auf einen Text von Ingeborg Bachmann, basierend auf dem Kleist-Klassiker. Die erste von vielen Uraufführungen, die meisten von ihnen waren Auftragsarbeiten.

War Liebermann größenwahnsinnig, eitel bis selbstverliebt, ein absoluter Profi, ein Musikliebhaber ohne Scheuklappen auf den Ohren, eine Führungskraft mit Herz und Verstand, ein begnadeter Netzwerker in einer Zeit, die dieses Wort noch gar nicht kannte? Von allem etwas. Die Bonmots von und über ihn belegen vor allem, dass er beneidenswert angstfrei war, wenn es ihm um die Sache ging. Und offenbar ging es ihm immer und überall um die Sache. Opfer seiner Zielstrebigkeit waren meistens die Hamburger Politiker, die er mit Charme und Chuzpe überrollte, bis sie nicht mehr wussten, was ihnen und ihren Reserven geschah. Das Good-

Cop-Bad-Cop-Spiel beherrschten Liebermann und sein Co-Direktor Herbert Paris offenbar mit geradezu furchterregender Virtuosität. Finanzsenator Herbert Weichmann jammerte beim Anblick Liebermanns, meistens vergebens: »Ich will ihn nicht sehen, das kostet mich nur Geld.« Liebermann gelang das Kunststück, dass der Etat seines Hauses direkt mit seiner Person verbunden war. Er wollte bei den Subventionen auf dem Niveau von Berlin oder München sein und bleiben, alles darunter wäre für ihn nicht Staats-, sondern nur Stadttheater gewesen. Mittelmaß. Provinz. Kinderkram. Zeitverschwendung.

»Kultur ist kein Geschenk der Regierung, sondern ein Recht des Volkes«, fand Liebermann, und: »Ich muss mich aufregen können.« Mit einem Satz: Rolf Liebermann, dieser ungemein höfliche, rhetorisch brillante Gentleman, war der intendantgewordene Alptraum jedes Bürgerschafts-Haushalters. Denn Liebermann hatte auch noch Herbert Paris als Co-Direktor an seiner Seite, der Politikern beim Nahkampf den Fluchtweg verstellte. Dass Liebermann sich als »Primus unter Paris« kleiner machte, als er war, gehörte zu diesen Pokerpartien.

Unter Liebermanns lässig-strenger Hand wurde die Hamburger Oper zur Prestige-Adresse. Tolles Ensemble, mutiger Spielplan. Ständig Neues, sehr viel Gutes. Und wenn doch mal etwas daneben ging? Halb so wild. Liebermann hatte schon, als wäre fast nichts gewesen, die nächsten Ideen parat, die nächsten frischen Stücke. Viele dieser Arbeiten, die damals für großes Aufsehen sorgten, haben es nicht in den Kanon der oft gespielten modernen Klassiker geschafft, Kagels »Staatstheater« von 1971 nicht und erst recht nicht »Kyldex 1« von Pierre Henry, ein »kybernetisch-luminodynamisches Experiment« von 1973 mit viel elektronischer Musik, aber keiner erkennbaren Handlung, bei dem das Publikum mit verschiedenfarbigen Kellen während der Vorstellung über deren Verlauf abstimmen konnte. Doch Liebermann ging es ums Prinzip. »Nur Spannung erhält ein Haus am Leben.« Die Stammkundschaft war entzückt. An manchen Tagen war das Haus so gut besucht, dass das Publikum auf den Stufen saß. Der Hausherr residierte, gut sichtbar, auf seinem Stammplatz: Reihe 1 rechts, Platz 3. Ein undankbarer Platz, akustisch und perspektivisch. Auf die besseren gehörte das zahlende Publikum. Und als ihm Beschwerden über seinen störenden Husten zu Ohren kamen, gewöhnte Liebermann sich eben das Rauchen ab.

Mit einem Lächeln und mit diesem entwaffnenden Schweizer Akzent als Exoten-Bonus konnte Liebermann stets klarstellen, woran man bei ihm war. »Ein Intendant muss außer einem künstlerischen auch ein politisches Gewissen haben.« In der Bundesrepublik der 60er-Jahre, wo man von einem Opernhaus gern vor allem kulinarische Abende erwartete, kein ganz unriskanter Satz. Liebermann ließ diesen Worten Premieren folgen, die auch mal alles andere als unanstrengend waren. Andererseits brachte er Glanz in die Stadt. Sein Meisterstück beim Strippenziehen war die große Geburtstagsfeier zum 80. Geburtstag des Komponisten Igor Strawinsky. Liebermann hatte zwar eine Zusage von ihm erhalten, sich leibhaftig in Hamburg feiern lassen zu wollen. Doch dann kam ein Liebesgruß aus Moskau an Strawinsky dazwischen, in dem das Heimweh stärker war, als es Liebermann in den Plan passte. Er spielte über Bande, indem er einen russisch-amerikanischen Komponisten bat, der First Lady Jackie Kennedy in Washington von seinem Dilemma zu berichten. Sie wiederum sorgte dafür, dass nun auch das Weiße Haus eine Geburtstagsfeier zu Ehren Strawinskys ausrichten wollte. Damit war Liebermann den Schwarzen Peter los, Strawinsky hatte ihn. Der einzige Weg aus der protokollarischen Zwickmühle zwischen zwei Supermächten war das Ausweichmanöver. Strawinsky kam nach Hamburg, dirigierte Eigenes, wurde gefeiert und die Eurovision übertrug. Ein echter, ein klassischer Liebermann.

Überzeugungstäter-Intendanten, wie Rolf Liebermann zeitlebens einer war, muss man heutzutage lange suchen. Finden wird man sie nicht. Die Zeiten sind nicht mehr so. Seine Nachfolger, von Sachzwängen umzingelt, haben zu viel mit Zahlen und Excel-Tabellen zu tun, um sich noch so virtuos dem zeitaufwendigen und zwecksuchenden Wahnsinn künstlerischen Tuns und Lassens hinzugeben. Der greise Grandseigneur Liebermann jedoch hatte selbst mit 85 noch genügend kindliche Größe und die sympathische Direktheit eines Künstlers in sich, um in einem »Spiegel«-Interview von einem seiner krachendsten Reinfälle zu berichten: Der Aufführung seiner Oper »Leonore 40/45«, 1953 in der Mailänder Scala, bei der am Ende lediglich eisiges Schweigen durch den Raum dröhnte. »Ich habe mich dann mit zwei Freunden furchtbar besoffen«, berichtete Liebermann, »und aus Wut die drei großen Portale der Scala angepisst.« Sechs Jahre später saß der frustrierte Opernkomponist selbst auf dem Chefsessel eines Opernhauses. Er wirkte und handelte dort so souverän und unberechenbar, dass eine seiner Entdeckungen, der Tenor Plácido Domingo, sich gern selbst mit einer entscheidenden Frage herausforderte: Was hätte Liebermann getan? Die wahrscheinlichste Antwort darauf: das einzig Richtige.

György Ligeti 1923–2006

Für mich ist Dur rosa oder rot, Moll ist grün, und die Null ist übrigens farblos ... Die Arbeit an diesem Hornkonzert war ziemlich schwierig, wie ein mehrdimensionales Kreuzworträtsel ... Meine Stücke wachsen wie Pflanzen ... Die Musik der zentralafrikanischen Aka-Pygmäen ... Fledermausforschung ... Ich bin neugierig, ich habe keine Voraussicht, wo die Grenzen sind ... Neurobiologie ... Conlon Nancarrow ... Die Struktur von Hämoglobin ... Ich vermute, dass mein Training in planimetrischen Konstruktionen sich vorteilhaft auf meine späteren Kontrapunktstudien und Choralharmonisierungen im Stile Bachs auswirkte ... Blumenkohl? Fraktales Gemüse ... Man komponiert, und man spricht nicht darüber ...

So oder ähnlich konnte man mit ihm stundenlang von Thema zu Thema mäandern, bis etliches angesprochen war, aber nichts eindeutig geklärt.

Mit György Ligeti sprechen zu dürfen, ihm intellektuell folgen zu sollen, das war eine Achterbahnfahrt fürs Hirn, nur ohne Sicherheitsgurt. In jedem Moment konnte man aus der Kurve getragen werden; während das Gegenüber noch damit beschäftigt war, das gerade geäußerte Argument zu verstehen und zu durchdenken, war Ligeti schon wieder ganz woanders mit seinen vielen Gedanken. Bei ihm, für ihn war so ziemlich alles mit so ziemlich allem verwoben. »Vielleicht bin ich ein Maler, der seine Augen verbindet und dann ein Bild malt. Einen fertigen Stil habe ich nicht. Es wird nicht schwerer oder leichter – es wird anders. Das Gelingen ist eine relative Sache.«

Ligeti György. Welterfinder in Sachen Musik, Wahl-Hamburger, der sich ins Fremdeln und Nörgeln darüber verknallt hatte und dennoch auch nach seiner Emeritierung im »schalltoten Raum« an der Elbe blieb, weil man hier so gut arbeiten konnte. Der mit der Musik in der metaphysischen Weltraum-Oper »2001«, die Stanley Kubrick ohne Ligetis Zustimmung unter seine Bilder gelegt hatte. Am Ende wurden dem Soundtrack-Lieferanten wider Willen lächerliche 3000 Dollar Schmerzensgeld aus Hollywood überwiesen, war dafür aber als »der aus 2001« in die Filmgeschichte eingegangen.

Ligeti György. Universalgelehrter, listiger Provokateur, interdisziplinärer Grundlagenforscher, 1923 in Siebenbürgen geboren, 2006 in Wien gestorben. Fast hätte er Physik und Mathematik studiert, doch er durfte wegen seiner jüdischen Herkunft nicht. In seiner Jugend, aufgewachsen im Vieleländervielesprachenwirrwar der ungarisch-rumänischen Kulturenkreise, spielte er Strawinsky-78er-Platten mit Akaziennadeln ab, weil nichts anderes da war. Ein bleibendes Schleudertrauma durch die Wirren des Zweiten Weltkriegs, die seine Lebenspläne immer wieder auf Los zurückschickten. 1956, nach dem Ende des Aufstands in Ungarn, Flucht in den Westen. Im Fluchtgepäck hatte Ligeti ein Stück, das er »Víziók« genannt hatte. »Visionen«.

Nachdem der weltweit als Komponist bekannte Ligeti – Annäherungsversuche an Wien, Berlin und Köln hatten sich nicht verfestigt – Anfang der 1970er-Jahre an der Hochschule für Musik und Theater eine Professur erhalten hatte, bezog er eine Wohnung in der Mövenstraße 3, auf der anderen Seite der Außenalster gelegen, die schnell zum Seminarraum für seine Kompositionsschüler wurde. Dort traf man sich donnerstags zum zwanglos zielstrebigen Kreiseln über Gedanken und Musik. Als Mitgift zum Amtsantritt hatte sich der Musikweltenbummler von der Stadt Hamburg die Einrichtung eines Studios für Computermusik gewünscht. Schließlich hatte Ligeti zuvor unter anderem im kalifornischen Stanford gelehrt. Seine prägenden ersten Begegnungen mit dieser Kunstform hatte er im legendären Studio für elektronische Musik des WDR in Köln erlebt. Für ihn war dieses Ansinnen eine Selbstverständlichkeit, eine Petitesse, eine Notwendigkeit. Ulrich Klose, der damalige Erste Bürgermeister, habe ihn mit einer Gegenfrage aber sehr forsch auf den Boden seiner realpolitischen Tatsachen zurückgeholt: »Computermusik, was ist das?« Was soll man da sagen. Ligetis Gesichtsausdruck zu diesem KO ist leider nicht überliefert. »Ich habe diese Idee dann nicht weiter verfolgt«, lautete sein Schlussstrich.

Der Lehrauftrag, angeblich eher unwillig angenommen, zog sich über 16 Jahre, von 1973 bis 1989, kann im Großen und Ganzen also völlig unangenehm nicht gewesen sein. »Wohnung« war allerdings nicht ganz passend als Umschreibung für Ligetis zweiten späten Lebensmittelpunkt neben Wien. Es war vielmehr ein riesiger begehbarer Zettelkasten, mittendrin, umgeben von Alvar-Aalto-Möbeln, stand der Flügel, und um sich ins Sofa fallen lassen zu können, war eine Klettertour über Bücher- und Notenstapel notwendig, die fast jeden Quadratzentimeter des Bodens bedeckten. Hier wurde nicht gewohnt. Hier wurde gearbeitet. »Der Weg des Geistes ist der Umweg.« Hegel. Hätte aber auch von Ligeti sein können.

Für Insider-Späße auf hohem konzeptionellen Niveau war Ligeti sehr schnell zu haben. Dogmen aller Art, Eindeutigkeitsansagen für das Unberechenbarkeitsuniversum der Musik konnte er nicht ausstehen. Wer partout recht haben wollte, lud ihn damit zum sofortigen Widerspruch ein. Deswegen legte sich schon der junge Ligeti so liebend gern und so leidenschaftlich gründlich mit Zeitgenossen an, die andere Denkschulen vertraten. In Darmstadt, dem bekanntesten Ferienlager für die Nachkriegs-Avantgarde, polemisierte jeder gegen jeden. Ligeti liebte solche Konflikte offenbar und ging besonders gern auf Stockhausen und Nono los. Reibung, Fortschritt, aus Fehlern lernen. Mathematik, nur mit anderen Mitteln.

Als Pointe zu John Cages »4'33"«, in dem der Interpret viereinhalb Minuten lang nichts tat und das Publikum sich selbst überließ, ersann Ligeti ein noch konsequenteres Nicht-Stück namens »0'00"«. Gleicher pädagogischer Effekt, aber mit weniger Aufwand. Seine zweite Hamburger Konzertsaison begann Generalmusikdirektor Kent Nagano in der Laeiszhalle mit einer Aufführung des »Poème symphonique«: 100 Metronome als rhythmische Zufallsgeneratoren, die klicken und klacken und etwas langsamer klicken und etwas langsamer klacken, bis es vorbei ist und genau so nie wieder aufgeführt werden kann. 1962, bei der Premiere, ein echter Skandal. 2016 kein Grund zur Aufregung.

Doch nicht diese hintersinnigen und mehrfachbödigen Fingerübungen waren es, die Ligeti einen Platz in der Nachkriegs-Musikgeschichte verschafften. Es waren insbesondere die weit ausschweifenden, klangfarbenschillernden Orchesterwerke. »Atmosphères«, eine Klangskulptur aus engmaschigen, luftigen Notenfäden, in der sich das Rhythmusgefühl verlieren kann und die Grenzen von Tonalität vernebeln und zerfließen. »Ramifications«, im in vielerlei Hinsicht revolutionärem Jahr 1968 zu Papier gebracht: ein Fliegengitter für Klänge, die sich darin verfangen und verlöschen. Die Streichergruppen sind um etwa einen Viertelton gegeneinander verschoben. Sanfte Reibung, große Wirkung. Polyrhythmische Phasenpuzzles, um Erwartungen zu überlisten und die Wahrnehmung aus dem liebgewordenen Takt zu bringen. »Ramifications ist wie das Pulver auf Schmetterlingsflügeln«, beschrieb Ligeti diesen Spezial-Effekt.

Schon der Anblick einer großen Ligeti-Partitur war ein ästhetischer Genuss. Ähnlich augenpulvrig bunt waren die Pullover, die er gern trug. Notenfluten ergossen sich in wilder Farbenpracht über das Papier, in etlichen Farben strukturiert und mit feinmechanischer Raffinesse geschrieben, um schöpferische Ordnung in die virtuose Unordnung zu bringen. Das leicht Dahingeworfene von Mozart, der cholerische Besserwisser-Schwung Beethovens – in Ligetis feinziselierter Handschrift ließ sich ein unruhiger Geist erkennen, der stets auf der Suche war, der stets diese Suche bejahte.

»Die Antwort auf den Sinn von Musik ist so schwer zu geben wie die Antwort auf den Sinn des Lebens.« Ligeti György, 1923–2006. Seine letzte Ruhe fand er auf dem Wiener Zentralfriedhof, unter einem Grabstein, der nicht aus Stein ist. Sondern aus Glas.

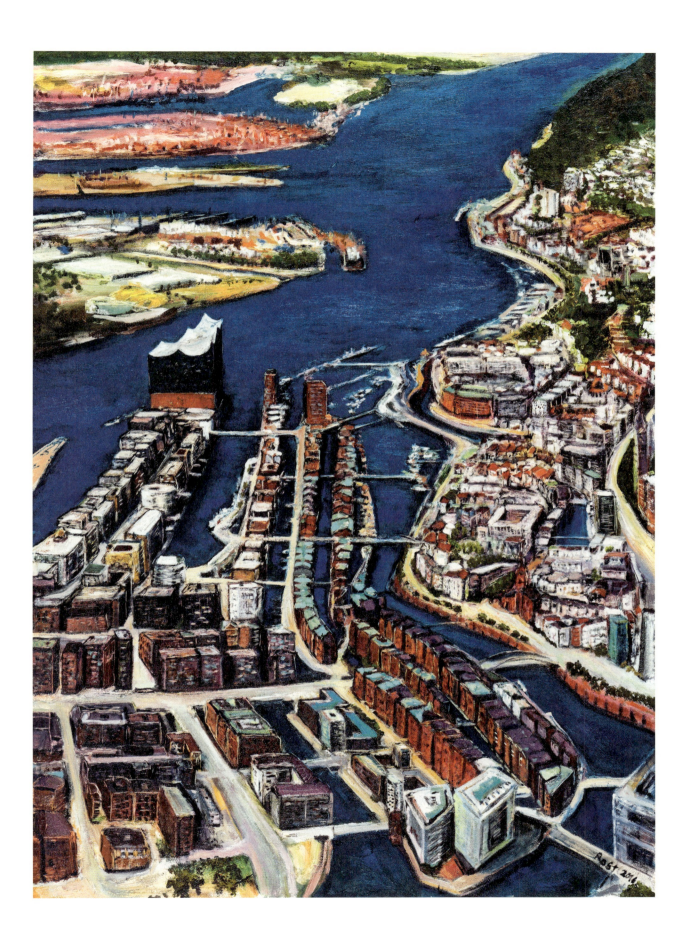

Hans Werner Henze 1926–2012

Raus, nur raus. Durch die Vordertür, durch die Hintertür, egal, nur schnell weg, wie ein Reh ins Unterholz, weil es blitzte und donnerte. Fliehen, feige fliehen? Fliehen. Vor der Wut, dem Unverständnis, der unästhetischen, deutschen Hässlichkeit dieses Moments. Ablehnung, Unverständnis, Häme. Alle haben mich leiden gesehen, alle haben mich reden gehört, von meiner Bühne, vergeblich. Raus, nur raus.

Niemand konnte oder wollte diese Schmach aufhalten, an diesem Chaos-Abend in Halle B in Planten un Blomen. Der 9. Dezember 1968 war wohl einer der schlimmsten Tage im Leben von Hans Werner Henze. Der Skandal, der in Hamburg losbrach, war gut inszeniert. Aus heutiger Sicht war er fast schon absurdes Polit-Theater.

1968 in Deutschland. 23 Jahre nach Kriegsende und es roch für viele immer noch und schon wieder streng unter einigen Talaren. Studentenrevolten, Bürgerliche, und Kleinbürgerliche erst recht, gegen Weltveränderer. Linke gegen Rechthaber. Die Beatles hatten gerade ihr »Weißes Album« veröffentlicht, der erste Song war »Back in the USSR«.

Und ausgerechnet in diese Zeit hinein schrieb Hans Werner Henze – Westfale, schwuler, linkshändiger Sohn eines strammen Nazis vom Lande – für die NDR-Konzertreihe »das neue werk« sein Oratorium »Das Floß der Medusa«. Die Geschichte einer Tragödie, über den Untergang einer französischen Fregatte anno 1816. Auf der Besetzungsliste findet sich neben dem Bariton Dietrich Fischer-Dieskau und dem Knabenchor St. Nikolai auch der RIAS-Chor aus dem geteilten Berlin. Henze, den man vom Vorwurf des Salon-Kommunismus nicht freisprechen konnte, hatte sein »Oratorio volgare e militare« Che Guevara gewidmet. Der war damals gut ein Jahr tot, hingerichtet, unsterblich geworden. Das Stück endet mit »belehrt von der Wirklichkeit, fiebernd, sie umzustürzen«, zu einem Rhythmus, der schon sehr nach den »Ho-Ho-Ho Chi Minh!«-Rufen klang, die damals auf Demos skandiert wurden, um »Bild«-Leser zu erschrecken.

Ende 1968 in Hamburg. Kurz vor der Premiere tat der »Spiegel«, was er sehr gern tat: Er legte los. Das ganze revolutionäre Posieren von Henze? Alles nur Kulisse. Er sei ja doch »der alte Ästhet« geblieben, »der geschmäcklerische Eklektizist. Sein Publikum kommt in Smoking und Nerz, ins teure Salzburg, in die Berliner Philharmonie und ins Amsterdamer Concertgebouw. Henze, schönheitstrunken und immer delikat, schlachtet nicht, er saugt am Establishment. Zwei Seelen wohnen in seiner Brust – hie Apo, da Lukullus.« Volle Breitseite, mitten ins Herz. Am Tag der Premiere erschien in Augsteins Magazin ein Leserbrief von Rudi Dutschke, dem Rudi Dutschke. Ein »Brief an die Herren der anderen Seite«, in dem er Henze gegen die »unterentwickelt gehaltenen Vertreter der Medien, die Objekte des schon wackelnden Spätkapitalismus« verteidigte. Auch Stockhausen sekundierte dem Komponisten-Kollegen schriftlich. Welches Timing, welche Kaliber, wegen eines Oratoriums.

Vor dem Konzert demonstrierten Studenten der Berliner SDS-Projektgruppe »Kultur und Revolution«, gegen die Hetzer, aber auch gegen das bourgeoise Konzert-Ritual an sich. Einige SDSler hatten eine rote Fahne und ein Poster von Che am Dirigentenpult angebracht. Der RIAS-Chor wollte hinter solchen Klassenkampf-Requisiten nicht singen. »Fahne weg! Wir kommen aus Berlin!« Und der Dirigent Henze war dagegen, sie zu entfernen. Klassisches Dialektik-Problem. Das machtarme Machtwort eines stellvertretenden NDR-Intendanten half nicht weiter. Die Staatsmacht rückte ein. Unbedingt einsatzbereit. »Wie eine Horde Ameisen kamen sie von mehreren Seiten aufs Podium zu«, erinnerte sich ein damaliger Chorknabe. Ernstfall. Rempeleien, Wortgefechte, Rhetorik-Krawalle. Die erste knappe halbe Stunde hatte der NDR das Ganze live über den Sender geschickt, dann wurde die Notbremse gezogen und auf die Konserve des Generalproben-Mitschnitts zurückgegriffen.

Sieben Festnahmen. Einer von ihnen war Henzes Librettist Ernst Schnabel, aber erst, nachdem man ihn durch eine Glastür gestoßen hatte. So viel Zeit durfte sein. Henze war da schon weg, geflohen durch den Hinterausgang. »Mit Leuten, die applaudieren, wenn die Polizei eingreift und den Textdichter und meine Freunde verhaftet, mag ich nicht diskutieren.« Die Überschrift im »Hamburger Abendblatt« lautete: »Henzes ›Floß der Medusa‹ in den APO-Wogen untergegangen«. Zwei Wochen nach der versenkten Premiere erzählte Schnabel in der »Süddeutschen«, dass ein »Spiegel«-Mitarbeiter kurz vor dem Konzert beim Hamburger SDS erschienen sei und zur Sabotage aufgefordert habe, und dass Augstein bereits erklärt habe, er habe das weder gewusst noch gebilligt. Erst gut drei Jahre später, im Januar 1971, wurde die Premiere nachgeholt, in Wien.

Henze erholte sich von diesem Tiefschlag unter die Gürtellinie. Er machte weiter die Karriere, die ihm seine Gegner vorwarfen. KP-Mitglied in Italien und Auftragskomponist für die Salzburger Festspiele. Immer wieder den »vollen, wilden Wohlklang« suchend. »Für mich ist Musik das größte Heilmittel gegen Gewalt, Intoleranz und Dummheit.« Doch die »Medusa«-Wunde sollte sich erst am 15. Juni 2001 in der Laeiszhalle schließen, wenige Hundert Meter Luftlinie vom Ort der Kränkung entfernt. Damals war Ingo Metzmacher Generalmusikdirektor in Hamburg. Ein resoluter, gern auch mal renitenter Verfechter des Uneinfachen, mit einem

Dickschädel, der Henzes ähnelte. Metzmacher mochte viele Klassiker, engagierte sich aber als ehemaliger Pianist im »Ensemble Modern« insbesondere für Klassiker der Avantgarde. Einer seiner musikalischen Hausgötter war Henze. Deswegen nutzte Metzmacher sein Amt für eine späte Wiedergutmachung und setzte eine Aufführung vom »Floß der Medusa« ans Ende der Philharmoniker-Saison. Und es passierte: nichts. Jedenfalls nichts, was auch nur im Entferntesten für einen Skandal getaugt hätte. Das Stück wurde nicht ausgebuht und von der Bühne vertrieben, sondern gefeiert, ohne Wenn, ohne Aber.

Die erste, aber nicht letzte persönliche Begegnung mit Henze: Ende Juni 2001, zwei Wochen nach dem »Medusa«-Stapellauf, ein Interview im Kaminzimmer des »Vier Jahreszeiten«, standesgemäß, wie seine Körpersprache klarmachte. Für diese Audienz hatte der »Alte« auf einem Sofa Platz genommen, der Blick schweifte entweder versonnen aus dem Fenster oder zum Kellner, der sich in Anweisungsweite parkte, um sofort das Whisky-Glas aufzufüllen, sobald der Pegel sich zu senken drohte. Und Henzes Kernsatz des Gesprächs war und blieb: »Dass ich recht hatte, wusste ich damals schon.« Danach schwieg er, nahm einen Schluck und sah auf die Binnenalster.

Biografien

Joachim Mischke
geb. 1964, Kultur-Chefreporter beim »Hamburger Abendblatt«. Joachim Mischke hat in Münster Musikwissenschaft studiert und in den vergangenen Jahren mehrere Bücher veröffentlicht, u.a. »Hamburg Musik!« (Hoffmann und Campe, 2008), und ist Jurymitglied beim »Preis der deutschen Schallplattenkritik« e.V. Im November 2016 erschien sein Buch über die Entstehung und Architektur der Elbphilharmonie mit Fotografien von Michael Zapf (Edel Books).

Friedel Anderson
geb. 1954, lebt und arbeitet in Itzehoe/Holstein. Studium der Kunstgeschichte 1974–77, Studium der Malerei an der Gesamthochschule Kassel bei Prof. Manfred Bluth 1978–84. Kunstpreis der Schleswig-Holsteinischen Wirtschaft. Zahlreiche Museums- und Galerieausstellungen. Seit 2009 Mitglied der Akademie der Künste in Hamburg. Mitglied der Künstlergruppe Norddeutsche Realisten.

Manfred Besser
geb. 1945, lebt und arbeitet in Hamburg, Ellringen und Bleckede. Studium an der Hochschule für Bildende Künste Hamburg bei Prof. Willem Grimm 1965–1968. Zahlreiche Museums- und Galerieausstellungen. Letzte Ausstellung 2014 gemeinsam mit Klaus Fußmann im Kloster Cismar/Museen der Stiftung Schloss Gottorf.

Klaus Fußmann
geb. 1938, lebt und arbeitet in Berlin und Gelting/Ostsee. Studien an der Folkwang-Schule in Essen 1957–61. Studium an der Hochschule für Bildende Künste in Berlin 1962–66. Professor an der Hochschule für Bildende Künste Berlin 1974–2005. Letzte Retrospektive im Osthaus Museum Hagen 2013. Im Kloster Cismar 2014 Ausstellung »Keramik II«. Zahlreiche Preise u.a. Villa Romana Preis und Kunstpreis Darmstadt und Preis der Ike und Berthold Roland Stiftung, Mannheim. Mitglied der Akademie der Künste in Hamburg seit 1989.
Lars Möller

geb. 1968, lebt und arbeitet in Hamburg. Studium der Malerei und Design bei Prof. Erhard Göttlicher an der FH Hamburg 1992–1998. Lehrbeauftragter für Farbe und Form an der HAW im Fachbereich Gestaltung 2009–2010. Zahlreiche Museums- und Galerieausstellungen. Mitglied der Künstlergruppe Norddeutsche Realisten.

Rolf Stieger
geb. 1960, lebt und arbeitet in Hamburg. Studium der Kunstgeschichte an der Universität Hamburg 1992–1999. Arbeitsstipendium der Liebelt-Stiftung Hamburg 2001–2008. Verschiedene Einzel- und Gruppenausstellungen in Hamburg, Hessen, Baden-Württemberg, Rheinland-Pfalz und in der Schweiz.

Frank Suplie
geb. 1950, lebt und arbeitet in Berlin, Uckermark und Gran Canaria. Ausbildung zum Mechaniker und Berufspraxis 1964–71. Studium der Malerei bei Prof. Peter Janssen und Prof. Klaus Fußmann 1971–1977. Meisterschüler von Klaus Fußmann 1976. Stipendiat Villa Serpentara, Olevano Romano 1982. Atelierhaus-Stipendium Worpswede 1983. Zahlreiche Galerieausstellungen und Arbeiten im öffentlichen Raum. Mitglied der Künstlergruppe Norddeutsche Realisten.

Till Warwas
geb. 1962, lebt und arbeitet in Bremen. Studium an der Hochschule für Bildende Künste Berlin 1984–90 bei Prof. Klaus Fußmann, Meisterschüler. Zahlreiche Ausstellungen seiner Stillleben und Landschaftsbilder. Mitglied der Künstlergruppe Norddeutsche Realisten.

Verzeichnis der Bilder

Manfred Besser
Einband: Hamburgensien I, 2016 Mischtechnik auf Leinwand, 60 × 120 cm

Klaus Fußmann
2   Hamburg, Elbphilharmonie, Hafen, 2015 Linolschnitt, 15,3 × 21 cm

Friedel Anderson
10   Ein Sommertag, 2009 Öl auf Hartfaser, 25 × 36 cm
13   Baustelle im Eis, 2010 Öl auf Hartfaser, 25 × 36 cm

Till Warwas
16   Hamburg, Elbphilharmonie, 2016 Öl auf Leinwand, 45 × 70 cm
20   Elbphilharmonie mit Cap San Diego, 2016 Öl auf Leinwand, 35 × 50 cm

Frank Suplie
24   Landungsbrücken, Elbphilharmonie, 2016 Eitempera auf Leinwand, 50 × 60 cm
28   Elbblick zur Elbphilharmonie, 2016 Eitempera auf Leinwand, 50 × 60 cm

Klaus Fußmann
31   Elbphilharmonie mit Flagge, 2016 Aquarell, Gouache, Blaustift. 20 × 20 cm
33   Elbphilharmonie, 2016 Aquarell, Gouache, Blaustift, 14 × 19 cm
34   Elbphilharmonie, 2016 Aquarell, Gouache, Blaustift, 42 × 55 cm
35   Hamburg, Hafen, Elbphilharmonie, 2016 Aquarell, Gouache, Blaustift, 24 × 31 cm
36   Elbphilharmonie, 2016 Aquarell, Gouache, Blaustift, 29 × 40 cm

Lars Möller
40   gen Osten, morgens, 2016 Öl auf Leinwand, 30 × 40 cm
43   Die Elbphilharmonie, 2016 Öl auf Leinwand, 50 × 70 cm

Manfred Besser
44   Hamburgensien II, 2016 Mischtechnik auf Leinwand, 60 × 120 cm
49   Hamburgensien III, 2016 Mischtechnik auf Leinwand, 60 × 120 cm

Rolf Stieger
53   Elbphilharmonie und Hafen, 2016 Öl auf Leinwand, 68 × 95 cm
57   Ziel Elbphilharmonie, 2016 Öl auf Holz, 60 × 87 cm

Dieses Buch erscheint in einer einmalig auf
1700 Exemplare limitierten und nummerierten Ausgabe.

Die Nummern 1 bis 200 enthalten einen signierten
Farblinolschnitt von Klaus Fußmann.

Dieses Exemplar hat die Nummer

988

Verlag Felix Jud, Hamburg, im Dezember 2016.
Alle Rechte vorbehalten.

Der Abdruck des Textes von Christoph von Dohnányi erfolgt mit
freundlicher Genehmigung von Christoph von Dohnányi.

Der Abdruck der Bilder von Friedel Anderson, Manfred Besser, Klaus Fußmann,
Lars Möller, Rolf Stieger, Frank Suplie und Till Warwas erfolgt mit
freundlicher Genehmigung der Künstler.
Helge Mundt fertigte Scans, von denen lithographiert wurde.

Buchgestaltung: Groothuis. Gesellschaft der Ideen und Passionen mbH, Hamburg
Lithografie: Frische Grafik, Hamburg
Druck: Memminger MedienCentrum, Memmingen
Papier: Schleipen Fly
Printed in Germany

Standardausgabe ISBN 978-3-9813318-4-4
Vorzugsausgabe ISBN 978-3-9813318-5-1